Du haut de mon arbre

Serge Patrice Thibodeau

Eaux-fortes de Jacinthe Tétrault

la courte échelle

Les éditions de la courte échelle inc.

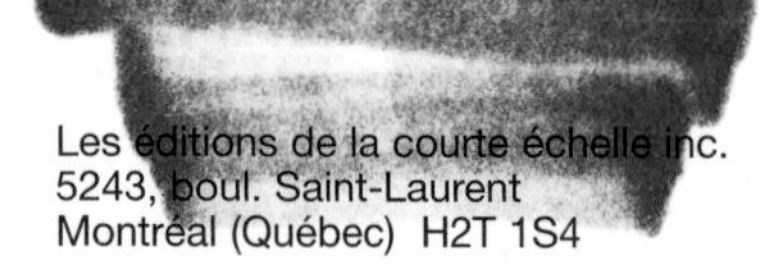

Les éditions de la courte échelle inc.
5243, boul. Saint-Laurent
Montréal (Québec) H2T 1S4

Directrice de collection:
Sylvie Massicotte

Direction artistique:
Daniel Sylvestre

Conception graphique:
Elastik

Mise en pages:
Mardigrafe inc.

Révision des textes:
Lise Duquette

Les eaux-fortes qui accompagnent les poèmes sont des détails tirés des œuvres de Jacinthe Tétrault.

Dépôt légal, 3e trimestre 2002
Bibliothèque nationale du Québec

La courte échelle reconnaît l'aide financière du gouvernement du Canada par l'entremise du Programme d'aide au développement de l'industrie de l'édition pour ses activités d'édition. La courte échelle est aussi inscrite au programme de subvention globale du Conseil des Arts du Canada et reçoit l'appui du gouvernement du Québec par l'intermédiaire de la SODEC.

La courte échelle bénéficie également du Programme de crédit d'impôt pour l'édition de livres — Gestion SODEC — du gouvernement du Québec.

Données de catalogage avant publication (Canada)

Thibodeau, Serge Patrice

Du haut de mon arbre

ISBN: 2-89021-591-1

I. Tétrault, Jacinthe. II. Titre.

PS8589.H443D8 2002 jC841'.54 C2002-940935-7
PS9589. H443D8 2002
PZ23.T44Du 2002

Du haut de mon arbre

comme pays secret tu rêves solitaire
aux longues abondances de tes jeunes automnes

Léonard Forest

J'aimerais bien grimper
au sommet du vieux pin
mais la sève dort
dans ses branches fragiles

à l'affût du réveil
au seuil du rêve
je me couche dans la neige
et déploie mes ailes
pour imprimer mon envol
sur la chair de l'hiver

longtemps je regarde tout en haut
les gestes des étoiles
que mon visage reflète
et je prétends que la Voie lactée
protège ma gorge du froid

à l'écoute
la lune encercle
mon village.

L'eau gelée sous les ponts
le temps est coincé

le solstice répand ses racines
ce sont les tentacules du fleuve
vus du ciel

vus d'en bas
crépitent les flots de flocons

étincellent mes souvenirs
exilés au grenier où la poussière
grignote des lettres oubliées

les voix sans nombre du givre
entonnent un chœur triste
murmurent à mon oreille qu'il faut
attendre
bien que le sens de l'espoir
m'échappe.

Peuplé de bruits secs
l'hiver s'étire, paresseux
à même le plancher de la vallée

l'hiver s'étale, s'étend
expose à mes yeux les marques
sur son corps

  tatouages contre l'oubli
  fenêtres dorées
  aiguilles de sapin

l'hiver s'aplatit
réveille ses masques éblouis

l'eau dort, l'air dort, tout dort

la nuit, le vent souffle bleu
inquiète la charpente de la maison
immobile dans son manteau de planches.

Main dans la main, le feu et le froid
me traversent l'âme et lui font mal
dans la montagne vivent les pauvres
leurs maisons s'éloignent
les unes des autres

elles se cachent leurs peines
entre elles
rien que la neige
et la gifle des vents

une chaumière se débat seule dans la nuit
rouge-gorge courageux
dans la gueule du chat
les flammes se gorgent d'écorce
d'échardes et de bardeaux

près du camion rouge des pompiers
mon père et les hommes immobiles
leurs longs bras tournés vers les braises
fumant au sol

du haut du ciel
la Grande Ourse s'est penchée vers nous
dans le cruel silence de la nuit
l'étoile Polaire a pâli.

Du coin de l'œil je guette
un pupitre de bois égratigné
abandonné dans l'ombre
au fond de la classe

l'élève qui l'occupe a pleuré
hier soir près d'un tas de cendres
je ne peux que lui écrire ces mots
sur un billet : *je pense à toi*

l'hiver s'invite et s'attarde
j'ai le goût de partir

je n'irai plus dans la montagne
avec mon père
aux incendies je préfère
le refuge de ma forêt.

Le silence est revenu
depuis le sommeil des rafales

on me dit que l'hiver est terminé
mais jamais il ne s'endort
jamais il ne s'efface
du cadran de l'horloge

le chat s'est réveillé
de la fenêtre lui parvient
le chuchotement des moineaux

dehors tout a changé
pour qu'aux alentours
les jours s'allongent.

L'éclosion des bourgeons me révèle
le profond mystère de l'amitié
m'inspire encore les mots
je pense à toi, au bas d'une lettre

    frêles nervures de la feuille
    pour que le cœur frémisse

toute cette vie qui bâille
se frottant les yeux, jouant de l'épaule
avec le rêve épivardé sur les lèvres
et la faim grouillant dans l'estomac

    toute cette vie m'appartient.

Sans empressement
la terre dégèle
nous rince les yeux

la terre s'installe
dans le creux
de nos mains
la terre n'est pas sale

les doigts meurtris
les doigts coupés du menuisier
les doigts de mon père
travaillent

un berceau, un pupitre, une maison

pour créer dans le bois
un monde habitable

d'où vient que l'on insiste
pour que tout recommence ?

Un arbre danse
dans le vent d'avril

graveleuse l'argile
œuvre et dessine
des constellations
dans les lignes de ma paume

la glaise lisse des traces
des cartes géographiques
d'un bout à l'autre
des Amériques

de l'Acadie
à la Terre de Feu
de l'Alaska
à la Patagonie

la terre émerge
entre les points cardinaux
elle pressent le repos
l'avènement de la paix.

Sous les bas nuages métalliques
s'entrechoquent les glaces noires
de la rivière

kom koi te gouk
kom koi te gouk

l'eau reprend ses droits
s'insurge dans son réveil
et trace
à coups de silex
la voie qui la mène au fleuve

et mon désir s'éveille
renaît, s'anime

musique aux lèvres
errer
au fil des rives
rêver
d'un nouveau départ.

Le soleil a repris ses forces
des fissures et des craquelures
défraîchissent l'étendue vaste des glaces
avec fracas les lacs ont calé

je ne distingue plus le cours de la rivière
de celui du fleuve
les eaux venues de la fonte des neiges
envahissent les terres qui les bordent

le platin transformé en plateau d'argent
nous aveugle de sa lumière azurée

en plus de guetter le moment
de grimper dans mon arbre
j'attends le retrait des eaux
et l'arrivée de la première hirondelle.

J'ai chaussé mes bargameaux
pour affronter la vase visqueuse
déposée sur les rives
après les inondations

partout des herbes sèches
des cheveux de sorcière
aux branches basses des arbres

partout du sable accroché à l'écorce
partout des flaques d'eaux grises
dans les champs

la course au trésor me réjouit
je découvre sans problème la fougère
que je cueille avec mes doigts gelés
rougis et raides, pareils à des brindilles

je célèbre le printemps
en savourant des têtes de violon.

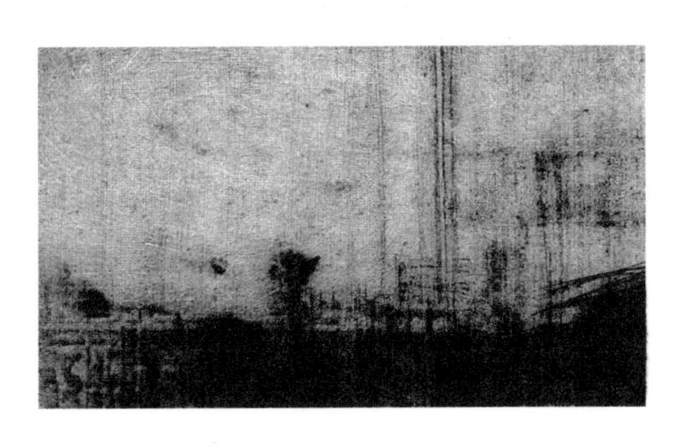

En mai le soleil
tressaille autrement
dans le cirque du ciel
sa lumière sautille
vers le fond de la classe

mon père a offert un pupitre

    tout frais, tout neuf

rayonnant aussi fier
que le visage de l'élève
reflété dans le vernis

pour me réconcilier
avec la montagne
mon père a même construit
une simple maison
parmi les lilas.

Mon visage happé sans répit
par le vent fleurant bon
la chaude verdure

mon être est sans défense
attiré contre son gré
par l'appel du soleil

sur ma peau

    couleur des faines
    odeur des foins
    saveur des fruits

sous mes pieds nus
la texture des chemins
à parcourir par petits bonds

au plus clair de mes yeux
tous les soucis
ont pris la fuite.

Sans dire un mot, le souffle court
je me précipite vers le ciel

monter d'une branche à une autre
est un pas de plus vers l'avant

du haut de mon arbre
j'aperçois la rivière onduleuse
qui défile, vagabonde
entre les champs
ses eaux vertes s'en allant
s'unir au bleu du fleuve

mes cheveux enflammés
attisés par le vent de juillet
mes bras étreignant
le tronc du vieux pin

comment ne pas souhaiter
le bonheur d'un départ ?

Mon regard navigue au loin
du haut du mât
les branches sont les cordages
le feuillage, les voiles

j'ai descendu le fleuve
jusqu'à l'Atlantique
j'ai quitté mon pays
sans descendre de mon arbre

et j'ai vu palmes et serpents

    maracaibo maracaibo

marais et manguiers, ouragans fous
canicules déchaînées, fièvres fatales

dès que franchi le seuil de l'équateur
j'ai découvert un ciel nouveau

    les constellations du zodiaque
    inscrites au cœur
    des imprévisibles Amériques.

Ma naissance s'est écrite dans l'espace
durant la nuit des perséides
de mes mains jaillissent des étoiles filantes
et la solitude ne m'est ni fardeau ni corvée

parfois je jette l'ancre
dans la pinède ou la coulée
je déambule sereinement
car je n'attends plus rien ni personne

surgit le silence
à perte de vue
en moi resplendissent les mots
je pense à toi.

La nuit, les champs fourmillent
de bruits d'insectes étranges
et je refuse de dormir
pour ne rien perdre de l'été

je pense à tout ce que j'ai cueilli
de mes propres mains
dans le jardin et dans les bois
dans mon cœur et dans ma tête

à tout ce dont je nourris
mon corps et mon esprit
aux plantes que j'arrose
aux mots que j'apprivoise.

La pleine lune des moissons
ombre bleue dans la rougeur
des champs de sarrasin
accompagne les aurores boréales

généreuse la terre
m'a livré ses trésors

déjà le temps ralentit
le vent tourmente les herbages secs
arrache quelques feuilles et renverse
des épouvantails éreintés

l'automne a frayé son chemin
sans équivoque

et j'ai hâte de retrouver
l'amitié
et mon pupitre de bois.

Les heures filent avec le vent
ma liberté est précieuse
bientôt je ne pourrai plus errer
du haut de mon arbre

le feuillage ambré s'épanouit
au rythme de mes désirs
selon les transformations
de mon corps étoilé

j'ai réussi à atteindre
la plus haute branche
pour m'y asseoir et balancer
mes jambes dans le vide

la peur n'existe pas
devant la splendeur du soleil
qui s'apprête à étreindre
les courbes de la montagne.

Aujourd'hui mon vieux pin
s'est métamorphosé en brésil
le mât rouge de mon navire
éclipse les arbres de la forêt

les courants m'aspirent
vers les terres boisées du sud
au firmament m'interpellent
d'autres figures nocturnes

la boussole et l'horloge
le télescope et le toucan
le chevalet du peintre
et l'atelier du sculpteur

jamais l'univers ne m'a paru
aussi riche, aussi troublant, aussi vivant

et oui, toute cette vie m'appartient.

Avant que le vent ne défeuille la vallée
je remonte tous les jours dans mon arbre
car l'odyssée tire à sa fin
à bord de mon vaisseau rouge
du haut de mon vieux pin

j'ai repéré la Croix du Sud
elle s'est gravée dans mes yeux
pour mieux régner en souveraine
dans la baie de Guanabara

guanabara guanabara

un bras de mer m'enlace
goûtant le sel rouge de Río
mêlé à la sueur sur ma peau.

Hors d'haleine
j'atteins enfin la Terre de Feu

    tierra del fuego

au bout des Amériques
aucun volcan mais un peuple nu
debout près d'un feu dans un canot
dérivant au fil des lacs multiples
aux confins du monde

du haut de mon arbre
le feuillage halluciné de l'automne
brandit sous mes yeux ses oriflammes
et dans mes mains résonnent, immenses

    des feux d'artifice
    des coups de trompettes
    et des éclats de cymbales.

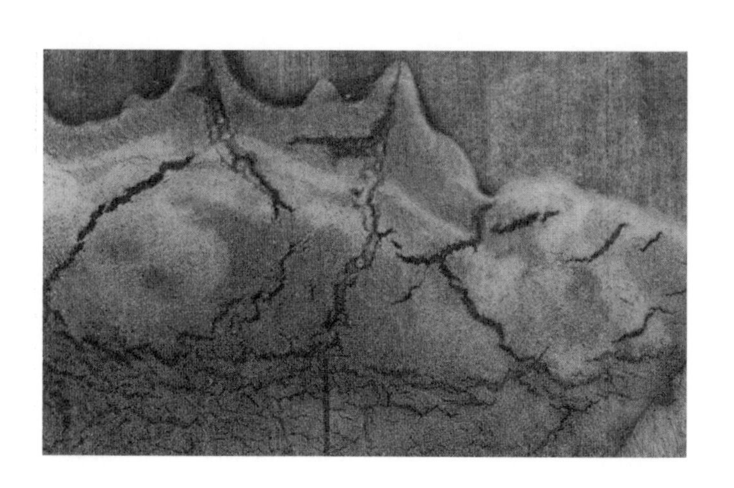

L'hiver bientôt reprendra sa place
et l'horloge s'entêtera
sans jamais se fatiguer
à scander le rythme ennuyeux
de l'immobilité

le vieux pin s'endort déjà
je l'abandonne à ses rêveries

je revois en pensée
les splendides abondances
des terres éloignées, et je veille
je veille sans inquiétude

car c'est patiemment que j'attends
le tout prochain voyage.

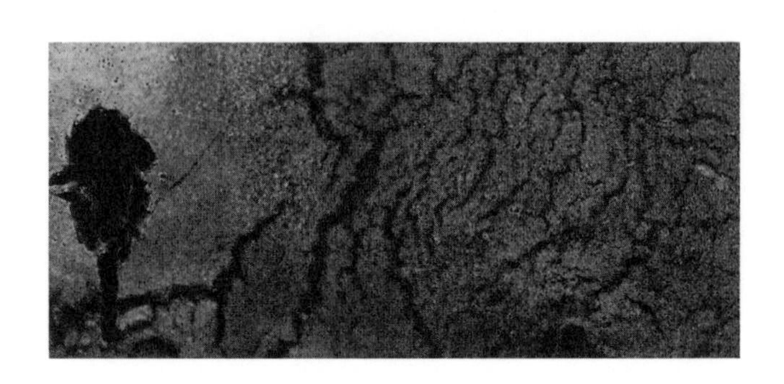

Lexique

kom koi te gouk : en langue malécite (Madawaska, N.-B.), signifie « rivière à eau verte ».

maracaibo : en langue mara (Venezuela), signifie « lieu où abondent les serpents ».

bargameaux : régionalisme du Madawaska (N.-B.), équivalent du québécois « botterleaux ».

guanabara : en langue tamoyo (Brésil), signifie « bras de mer ».

tierra del fuego : en espagnol (Chili), signifie « terre de feu ».

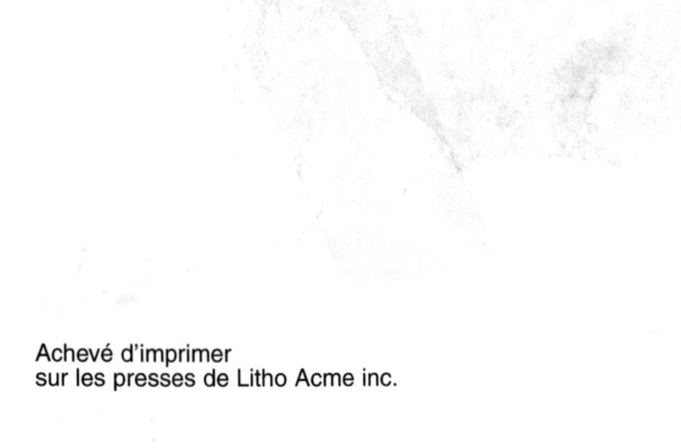

Achevé d'imprimer
sur les presses de Litho Acme inc.